AF463310

8°O
36
278

TRAVAUX DE L'ISTHME DE SUEZ.

COMMUNICATION FAITE

A LA

# SOCIÉTÉ DES INGÉNIEURS CIVILS

PAR M. LAVALLEY

(Entreprise **BOREL, LAVALLEY et Cie**)

LE 26 JUILLET 1867.

PARIS

IMPRIMERIE CENTRALE DES CHEMINS DE FER

**A. CHAIX ET Cie**

RUE BERGÈRE, 20, PRÈS DU BOULEVARD MONTMARTRE.

1867

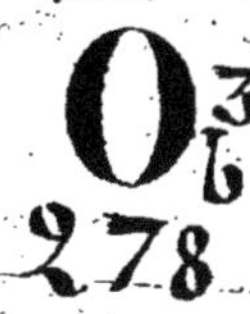

# TRAVAUX D'EXÉCUTION

DU

# CANAL MARITIME DE SUEZ.



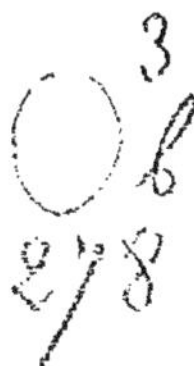

## TRAVAUX DE L'ISTHME DE SUEZ.

# COMMUNICATION FAITE

A LA

# SOCIÉTÉ DES INGÉNIEURS CIVILS

PAR M. LAVALLEY

(Entreprise BOREL, LAVALLEY et Cie)



LE 26 JUILLET 1867.

PARIS

IMPRIMERIE CENTRALE DES CHEMINS DE FER

A. CHAIX ET Cie

RUE BERGÈRE, 20, PRÈS DU BOULEVARD MONTMARTRE.

1867

# SOCIÉTÉ

DES

# INGÉNIEURS CIVILS

## SEANCE DU 26 JUILLET 1867.

PRÉSIDENCE DE M. FLACHAT.

*M. le Président.* — La parole est à M. Lavalley.

*M. Lavalley.* — Dans la communication sur l'exécution du canal de Suez que j'ai eu l'honneur de vous faire l'année dernière, j'ai rappelé les données du problème, j'ai décrit les différents appareils que nous employons, suivant que les conditions du travail sont différentes elles-mêmes, et j'ai exposé les dispositions diverses que, sur différents points, nous avions adoptées pour mettre ces appareils en fonctionnement.

Je vous ai dit quelle était la partie de notre programme alors appliqué, où nous en étions des diverses phases successives par lesquelles nous devions faire passer les travaux.

L'année qui vient de s'écouler a été productive.

Les tâtonnements qu'entraîne toujours la mise en marche d'appareils nouveaux, surtout d'appareils de terrassement, sont terminés. Notre plan de campagne est appliqué sur toute l'étendue du canal.

Le rendement mensuel a passé depuis un an de 500,000 à plus de 1,200,000 mètres cubes, et une expérience déjà assez longue nous a montré quels étaient les points faibles de nos engins, et nous a suggéré certaines modifications.

J'ai pensé qu'il serait intéressant pour la Société d'être tenue au courant de la marche de ces chantiers de terrassement et de dragage, les plus grands qui aient jamais existé, et des principaux faits qui ont été observés dans le fonctionnement de notre matériel.

Je vais donc dire d'abord où en sont les travaux, je vous parlerai ensuite de nos divers appareils; je vous en signalerai les points défectueux et aussi les parties qui remplissent bien leur but.

Les bassins de Port-Saïd étaient l'année dernière complétement dessinés. Des dragues à couloir de 25 mètres en avaient suivi tous les contours. Les déblais tombant des couloirs avaient fait, tout autour du bassin, des berges que longeait un chenal de $2^{m}$,50 à 3 mètres de profondeur et d'une vingtaine de mètres de large.

En outre, des dragues desservies par des porteurs étaient parties du large et, se dirigeant vers la terre, avaient ouvert un chenal d'environ 5 mètres de profondeur sur 50 de large.

Puis, arrivées dans le bassin, elles en avaient creusé à la même profondeur une certaine surface.

Aussi depuis près d'un an déjà, tous les bâtiments qui arrivaient à Port-Saïd entraient dans les bassins, les plus grands allégés au besoin par un commencement de déchargement en rade.

Quand nous eûmes obtenu à la profondeur de cinq mètres un espace suffisant pour les manœuvres de ces bâtiments, de nos porteurs, des convois de chalands qui portent à tous les chantiers de l'isthme leurs approvisionnements, deux dragues revinrent sur leurs pas, se dirigeant alors vers le large et creusant à 6m,50 et 7 mètres de profondeur. Bientôt, sortant du bassin, elles donnaient au chenal cette nouvelle profondeur et une largeur de 100 mètres.

Il y a quelques semaines, profitant de la belle saison et pour hâter l'achèvement de ce chenal, nous avons conduit au large deux autres dragues qui, partant des fonds de 7 mètres, marchent à la rencontre des premières.

Deux ans s'étaient passés depuis que nous avions ouvert le chenal de 5 mètres. Il n'était alors protégé que du côté ouest, par la jetée qui ne s'avançait pas beaucoup au-delà des fonds de 5 mètres.

Depuis lors, cette jetée de l'ouest avait fait de rapides progrès. Elle s'étendait à 2,200 mètres de la plage et atteignait les fonds de 7 et 8 mètres.

La jetée de l'Est, enracinée, comme vous savez, à 1,400 mètres de la première, mais se dirigeant obliquement au rivage, de façon à se rapprocher de la première, était moins avancée.

Il était intéressant de savoir si les courants du littoral, arrêtés et détournés par la jetée de l'Ouest, n'avaient pas déposé des sables dans le remou nécessairement formé à l'extrémité de la jetée. Ce dépôt s'avançant en même temps que s'avançait l'extrémité de la jetée, aurait relevé le fond le long de la jetée sur l'emplacement du futur chenal.

Cet effet ne s'était pas produit. Des profils en travers, relevés au printemps dernier, sont très-sensiblement les mêmes que ceux qu'on avait relevés un an auparavant.

Cela confirme, ce que l'on savait au reste déjà, que les courants du littoral ne sont pas, dans ces parages, assez forts pour déplacer le sable; ils le transportent seulement quand les lames l'ont soulevé. Mais sur la rade de Port-Saïd la mer n'est jamais très-forte, sans doute parce que le fond, descendant très-lentement, l'agitation du large est amortie, petit à petit, par la faible profondeur de l'eau à d'assez grandes distances de terre.

Aussi le sable n'est-il soulevé que tout près du rivage même, et c'est là seulement que se fait le transport de l'Ouest vers l'Est, qui lentement élargit la plage dans l'angle formé par la jetée Ouest et le rivage.

Dans les profondeurs de 5 mètres, déjà il semble que le fond soit tout à fait immobile.

Dans quelques semaines, au plus tard dans le courant d'octobre, les dragues venant du large rencontreront celles qui sont parties du bassin, et Port-Saïd sera accessible à tous les bâtiments tirant jusqu'à $6^{m},50$, c'est-à-dire non-seulement à tous les voiliers, mais à tous les bâtiments à vapeur de commerce qui naviguent dans la Méditerranée.

Le sol est en général de sable fin légèrement limoneux. A 5 et 6 mètres on rencontre par place des argiles assez dures. Le dragage se fait partout dans d'assez bonnes conditions.

Les principales difficultés que nous avons à vaincre viennent de l'adhérence de ce sable fin limoneux aux godets et aux déversoirs, et en même temps de l'extrême facilité avec laquelle il passe par les joints des portes des bateaux.

Les dragues dont nous nous servons à Port-Saïd sortent des ateliers de MM. Gouin. Les godets ont une capacité de 400 litres; ils sont très-évasés et ne sont percés de trous ni sur les côtés ni dans le fond.

Malgré cela, lorsque les godets, après leur passage sur le tourteau supérieur, se renversent, le déblai ne les abandonne qu'après un assez long temps, il sort peu à peu, et la dernière portion ne se détache souvent qu'après que le godet a dépassé le déversoir. Elle retombe alors dans la fouille, réduisant d'autant le travail utile. Nous ne trouvons d'autre remède que de faire marcher la drague assez lentement pour que chaque godet reste le plus longtemps possible au-dessus du déversoir.

Ce sable fin descend en outre difficilement dans les déversoirs qui, bien qu'ils soient inclinés presque à 45°, bien que leur section ne soit pas rétrécie vers l'orifice, s'engorgent souvent quand on drague à godets pleins.

Il suffit d'une assez faible quantité d'eau pour empêcher cet engorgement; aussi, en ne remplissant pas le godet entièrement de déblai, l'eau qui se trouve sur le sable suffit pour déterminer la descente dans le déversoir.

Il vaut mieux, sous tous les rapports, lancer un jet d'eau sur le déversoir au moyen d'une pompe rotative mue par la machine de la drague.

Le rendement de la drague augmente aussitôt dans une proportion très-grande, et on a bientôt amorti la valeur de la pompe et payé le petit excédant de charbon qu'exige le travail supplémentaire de la pompe.

Si la finesse du sable et la présence d'une petite quantité de limon le rendent adhérent quand il n'est qu'humide, elles facilitent par contre sa suspension dans l'eau.

Quand les déblais tombent dans les puits des porteurs, au lieu qu'il se fasse un départ rapide des matières solides qui, tombant au fond, calfateraient de suite les joints des portes, le sable et le limon restent en suspension dans l'eau.

Ils sortent avec elle par les joints des portes dans l'espèce de barbotage ou de mouvement alternatif d'entrée et de sortie que produit le roulis. Et cela dure jusqu'à ce que les parties les plus grossières du déblai, restant prises dans les joints, les aient bouchés.

Il est essentiel d'avoir des portes bien faites.

L'expérience nous a appris qu'on ne pouvait apporter trop de soins dans leur construction. Nos meilleures portes sont en bois de chêne, d'une épaisseur totale de 0m,12 à 0m,15, formée de deux cours superposés de planche de 0m,06 à 0m,08. Le cours inférieur déborde le cours supérieur de façon à former feuillure de 0m,08 à 0m,10 de large. Cette feuillure entre dans une feuillure en sens contraire formée par les bords du puits. Dans la plupart de nos porteurs, les différents puits ne sont pas séparés en deux par une cloison longitudinale suivant l'axe du bateau. Nous avons dû faire battre les portes sur une pièce de bois placée dans le puits comme une fausse quille. Cette pièce de bois, très-solidement assujettie, doit avoir une largeur égale à celle des feuillures des deux portes, de façon à remplir l'espèce de large rainure qu'elles forment.

Il faut, en un mot, que, pour pouvoir se perdre par le joint des portes, le déblai ait à passer par un espace aussi étroit que possible, assez long et coudé à angle droit.

Nous n'avons réussi à avoir des portes étanches qu'en ajustant très-exactement ces feuillures. Mais cela n'a suffi qu'à la condition que les quatre chaînes, qui agissent deux à deux sur chaque battant, soient bien également tendues au moment de la fermeture.

Pour cela, au lieu de réunir tout simplement ces quatre chaînes sur le dernier maillon de la chaîne du treuil de fermeture des portes, nous avons suspendu à cette dernière un fléau à chaque extrémité duquel est suspendu un autre fléau. C'est au bout de ces deux derniers que sont attachées les chaînes des portes. Ces fléaux ont 0m,40 de long et sont faits avec soin. De cette façon, la tension de la chaîne unique se répartit bien exactement, et les portes sont, à leurs deux extrémités, également appuyées sur leur feuillure.

Dans presque tous nos porteurs, les charnières, les pitons des portes, n'étaient pas assez forts. Nous avons dû les remplacer par des pièces plus fortes.

On ne saurait trop recommander d'en exagérer les dimensions. Leur poids et leur valeur sont insignifiants comparés au poids et à la valeur du bateau.

La moindre avarie qui leur arrive exige la plupart du temps que le porteur soit remis sur cale, opération longue, difficile et qui coûte bien des fois ce qu'on a cru, à tort, économiser.

Il y avait un grand intérêt à faire le plus tôt possible, dans le port, les déchargements qui sur rade sont chose difficile, mettent souvent le bâtiment en surestaries; aussi avons-nous consacré à cette partie de notre entreprise un matériel considérable. Sept dragues et dix-huit porteurs y sont affectés. Nous avons la certitude que nous aurons terminé cette partie de notre entreprise, c'est-à-dire creusé les bassins et le chenal à la profondeur de 8 mètres, vers la fin de l'année prochaine.

Entre Port-Saïd et le seuil d'El-Ferdane, le cana traverse, sur une longueur de 60 kilomètres, les lacs Menzaleh et Ballah. Il est creusé, dans cette partie, par des dragues à couloirs de 70 mètres, et dans les portions, assez courtes du reste, où le terrain est à plus de 80 centimètres au-dessus de l'eau, par des dragues desservies par des élévateurs.

Les 7 premiers kilomètres vers le nord, les 16 derniers vers le sud, sont dans du sable fin un peu limoneux ; le reste des terrains est d'argile plus ou moins compacte. Sur d'assez larges espaces, cette argile repose sur des terrains plus mous, mais beaucoup plus consistants que ne le ferait supposer la désignation de vases fluides que lui ont donnée les premiers sondeurs.

Sur plusieurs points nos grandes dragues l'ont rencontrée en creusant le canal jusqu'à 6 et 7 mètres. Les talus y tiennent à une inclinaison variant de 1 à 1 1/2 de base pour 1 de hauteur. Les cavaliers, du reste fort allongés et très-peu hauts, formés par la drague à long couloir, n'ont pas enfoncé les berges, et nous n'avons eu nulle part de ces affaissements, de ces éboulements que l'on avait craints.

Sur certaines parties où le cavalier d'une des rives a reçu tout le déblai qu'il doit contenir, nous avons réglé la plage au talus du dixième. Cette faible pente paraît être inférieure à celle de l'équilibre stable et devoir ôter toute inquiétude sur la tenue des berges.

Les dragues à long couloir ont continué à nous rendre d'excellents services. Le rendement de 55,000 mètres cubes en un mois, de 180 mètres cubes par heure de travail payée à l'équipage, a été atteint. Le chiffre de 40,000 mètres est très-souvent dépassé ; il faut des circonstances tout à fait exceptionnelles pour que celui de 30,000 mètres ne soit pas atteint.

Je n'ai rien à changer à ce que je vous disais l'année dernière sur la manière dont se comportent dans le couloir les sables et les argiles.

Pour les premiers, il faut toujours, quelque fins

qu'ils soient, une pente d'au moins 5 0/0 et une quantité d'eau au moins égale au volume du déblai. Cette pente est insuffisante si le sable n'est pas très-fin, si une certaine quantité de vase mêlée avec lui ne vient pas, en épaississant l'eau, faciliter son maintien en suspension.

De ce que nous avons vu jusqu'à présent, il semble résulter que la pente du dixième, avec injection par une pompe supplémentaire d'une quantité d'eau égale au volume du déblai, doit suffire à presque tous les sables.

Je vous ai parlé, l'année dernière, de l'addition que nous pensions apporter aux couloirs d'une chaîne sans fin, portant des rabots pour aider à la descente des déblais d'argile.

L'expérience est venue justifier la confiance que nous avions dans l'efficacité de ce nouvel organe.

Voici comment M. Lecointre, l'ingénieur en chef des Forges et Chantiers de la Méditerranée, a réalisé l'idée que nous avions eue en commun.

Deux chaînes sans fin, de $0^m,018$ à $0^m,020$, passent sur deux tourteaux ou tambours, placés, l'un vers l'origine du couloir au bas de la courbe de raccordement du déversoir avec le couloir, l'autre à 10 mètres de l'extrémité inférieure du couloir.

Les deux chaînes sont réunies à des distances égales entre elles par des traverses dont un des côtés horizontaux est profilé suivant la section du fond du couloir.

Des palettes rapportées sur le tambour du haut, et ayant la forme de grandes dents d'engrenages, appuient dans la rotation du tambour sur les tra verses, et donnent le mouvement aux chaînes sans fin.

Le brin inférieur appuie par ses traverses ou rabots sur le fond du couloir ; le brin supérieur est porté de distance en distance par des galets.

La machine de la drague donne le mouvement au tambour supérieur. Cette vitesse peut, au moyen d'engrenages de rechange, être variée. Nous nous sommes arrêtés à une vitesse de $0^{m},50$ par seconde, qui paraît satisfaire à toutes nos conditions.

Avec cette vitesse, le contenu d'un godet met 140 secondes à parcourir la longueur du couloir, et comme la drague verse un godet toutes les cinq secondes, douze par minute, il se trouve à la fin que le couloir porte, uniformément réparti sur sa longueur, le contenu de vingt-huit godets, plus l'eau que pendant le même temps ont donnée les pompes.

Nos couloirs sont assez forts pour supporter facilement cette charge, et avec même une très-faible pente il suffit d'un très-petit effort de la chaîne pour imprimer au déblai cette vitesse.

Quand nous avons mis la première chaîne balayeuse en marche, la drague amenait de l'argile dure, la pente du couloir était d'environ 7 0/0 ; deux pompes rotatives, conduites, l'une par la machine de la drague, l'autre par une locomobile sur le chaland du couloir, versaient environ 100 mètres cubes d'eau à l'heure. Dès la mise en marche, le tout fonctionna si facilement que je fis arrêter successivement les deux pompes.

Alors, et bien que les godets montant très-pleins ne continssent que la petite quantité d'eau qui emplissait les vides des morceaux d'argile, cette eau suffisait pour lubrifier le couloir, et nous ne vîmes qu'un très-faible accroissement de la tension des chaînes.

Le travail dépensé par le transport des déblais n'était donc que peu augmenté. — L'expérience était concluante; je voulus la pousser plus loin, et je fis relever le couloir au moyen de la presse hydraulique intercalée dans l'arcade par laquelle il s'appuie sur son chaland. Le couloir, tout à fait horizontal à vide, ne devait avoir, sous la charge du déblai qui fait enfoncer le chaland, qu'environ 2 0/0 de pente.

Nous remîmes en marche, et l'appareil fonctionna avec facilité, soit avec, soit sans eau additionnelle dans le couloir. L'absence d'eau augmentait assez notablement le travail de la chaîne balayeuse, et nous aurait exposés à avoir un cavalier de déblai à talus assez roide et peut-être trop élevé, malgré la grande hauteur à laquelle l'absence de pente amenait l'extrémité du couloir.

Aussi, dans le travail normal, nous faisons toujours fonctionner la pompemue par la locomobile du chaland. L'eau versée dans le couloir diminue de son poids le poids du déblai et en facilite ainsi le transport; elle a en outre le grand avantage d'étendre au loin le déblai sur la berge.

La mise sur berge des déblais du canal au moyen des couloirs réalise exactement le transport des déblais dans le même profil transversal. Les déblais sont donc déposés sur les terrains de même nature qu'eux : les déblais sablonneux, sur du sable ; les déblais argileux, sur l'argile.

Si le terrain est dur, les déblais sont en morceaux; les cavaliers s'étendent peu, sont hauts et chargent le terrain, mais sans danger, vu sa dureté.

Si, au contraire, le terrain est peu consistant, le déblai, par cela même, se délaie plus facilement, l'eau du couloir l'étend au loin ; le cavalier est large et peu haut et charge peu les berges.

Entre les lacs Ballah et le lac Timsah, sur une longueur de 15 kilomètres, le terrain est assez élevé : c'est le seuil d'El-Guisr. L'élargissement de la tranchée, au-dessus de l'eau, a marché depuis un an avec rapidité. Ce travail sera terminé très-probablement à la fin de cette année. En même temps que se faisaient ces terrassements à sec, on approfondissait et on élargissait la rigole anciennement faite par les contingents.

Le dragage dans le Seuil, le dragage du chenal à travers le lac, se font au moyen de dragues desservies par des porteurs qui vont se décharger dans le lac Timsah.

Ces travaux se font facilement : le terrain sablonneux se drague aisément. Avertis par l'expérience de Port-Saïd, nous avions revu avec soin les joints des portes des puits des porteurs, des gabares. Aussi, bien que très-fins et par leur nature un peu limoneux, très-aptes à passer par les plus petites ouvertures, les déblais ne se perdent pas.

A mesure que les dragues, qui pour l'attaque du Seuil partent du lac, pénétreront davantage dans le Seuil, les distances de transport des déblais deviendront de plus en plus longues ; elles seront à la fin de 15 kilomètres.

Nous n'avons cependant pas hésité à conserver, même pour cette grande distance, le transport par eau. Sur toute cette portion du canal, les berges sont à plusieurs mètres au-dessus de l'eau. Nous ne pouvions songer à employer, ni les longs couloirs, ni même les élévateurs qui versent les déblais directement à leur place définitive. Il aurait fallu des remaniements au wagon, toujours fort dispendieux.

Quelque moyen que nous eussions pris pour la mise à terre des déblais, il aurait toujours fallu les verser d'abord dans des chalands, leur faire parcourir en naviguant une certaine distance, jusqu'au point où auraient été installés les appareils d'enlèvement. Il nous a paru préférable d'allonger de beaucoup cette distance, puisque nous économisions ensuite tous les frais de déchargement et de remaniement.

C'est au mois de novembre dernier que le niveau du Nil, étant à son maximum de hauteur, les canaux pouvant amener beaucoup d'eau, nous avons admis l'eau douce sur le plateau du Serapeum.

En moins d'un mois les tranchées préparatoires qui avaient été faites à bras d'homme, et deux grandes dépressions traversées par le tracé du canal maritime, furent remplies de plus de 3 millions de mètres cubes.

L'événement justifia ainsi et dépassa nos prévisions; le remplissage s'est fait plus vite que nous ne l'avions espéré; les sables fins du désert se sont montrés aussi étanches que nous l'avions jugé d'après ce qui s'était passé le long du canal d'eau douce. L'exécution du canal maritime à travers le seuil du Serapeum se trouvait ainsi assurée, et une des graves incertitudes qui, pour certains esprits, planaient encore sur la possibilité du canal, disparaissait à son tour.

Les dragues destinées à ce chantier avaient été, comme toutes les autres, complétement montées et essayées à Port-Saïd. Elles furent pour le transport allégées par l'enlèvement des chaînes des godets, des fourneaux des chaudières, et soulevées par des soufflages en bois ; leur tirant d'eau fut ainsi ramené à $1^{m},20$. Elles suivirent le canal maritime jusqu'à Ismaïlia, franchirent les deux écluses, et pénétrèrent dans le canal d'eau douce, dont le niveau est à 6 mètres au-dessus de l'eau de mer.

Elles le suivirent sur environ 20 kilomètres, puis prirent un branchement qui les amena dans les tranchées préparatoires, où elles furent réparties sur la longueur du canal à creuser.

Le plateau du Serapeum présente trois dépressions. Afin d'économiser l'eau, nous en avons d'abord rempli deux seulement, celle du milieu et celle du nord.

Nous creusons actuellement la portion du canal voisine de ces deux bassins, et déjà la tranchée est ouverte sur 5 kilomètres, a toute la largeur qu'elle doit avoir en crête, et sur 4 mètres de profondeur au-dessous du niveau de l'eau douce.

Depuis un mois environ le Nil, qui était arrivé à son niveau le plus bas dans les premiers jours de juin, commence à remonter, et les eaux arrivent plus abondamment par les canaux. Sous peu, nous remplirons le troisième bassin. Les dragues se répartiront alors sur les 8 kilomètres qui forment la traversée du plateau.

Elles creuseront toute la section du canal jusqu'à une profondeur de 9 mètres au-dessous du niveau de l'eau douce, et 3 mètres au-dessous du niveau de la mer.

Le terrain est presque entièrement composé de sable fin et propre. Çà et là se rencontrent quelques lentilles minces d'argile, quelques bancs de calcaire très-friable et de quelques centimètres seulement d'épaisseur.

Les dragues prennent ces bancs par-dessous et n'en éprouvent aucune résistance.

La fouille de tout ce terrain est facile, et les dragues montent très-aisément leurs godets pleins de 400 litres de déblai. Aussi arrive-t-il souvent qu'une drague enlève jusqu'à 2,500 mètres cubes dans une journée; nous avons vu le chiffre de 2,610 mètres cubes.

Malheureusement, le sable très-siliceux, très-fin, très-propre, pénètre facilement dans tous les organes des chaînes de godets, et les use rapidement. — Le temps perdu par l'entretien abaisse le rendement mensuel, qui ne correspond plus à cet énorme travail journalier, mais le laisse toujours au moins égal à la moyenne générale.

Le sable du Serapeum descend difficilement dans les

déversoirs des dragues.—Quand les godets sont montés pleins de déblai, par conséquent sans eau, pendant quelques minutes, le déversoir s'engorge; il faut alors arrêter le papillonnage de la drague, laisser monter un certain nombre de godets ne contenant que de l'eau. — Aussi les dragueurs s'attachent-ils à ne pas remplir entièrement les godets; l'eau qui monte alors au-dessus du déblai suffit pour l'entraîner.

Nous ajoutons à toutes nos dragues du Serapeum des pompes supplémentaires mues par la machine même. Les godets peuvent alors travailler à plein, et le rendement de la drague augmente dans une grande proportion, sans que nous nous apercevions de plus d'usure ou d'une plus grande consommation de charbon.

Nous avons eu au Serapeum, comme partout où nous trouvons du sable, une certaine difficulté à rendre les joints des portes des porteurs assez étanches. Il semble même que là la difficulté était plus grande; il ne suffisait plus d'ajuster les battements des portes avec le plus grand soin. Nous avons été jusqu'à recouvrir les joints de bandes de cuir ou de caoutchouc semblables à des clapets de pompe. Ce n'est qu'alors que nous sommes arrivés à éviter toute perte de déblai.

Sur les parties du plateau où le terrain se tient au niveau de l'eau douce, nous employons deux dragues à couloir de 70 mètres.

Quand les godets n'amènent que du sable, la descente des déblais se fait bien sur une pente de 7 à

8 0/0, mais il faut que les godets et les pompes versent plus d'eau qu'il ne monte de déblais.

Quand les godets traversent des couches d'argile, ou des bancs de calcaire, le mélange de sable et de paquets d'argile ou de pierres descend beaucoup plus difficilement; il faut encore augmenter la pente, encore augmenter la quantité d'eau.

Nous n'avions pas pensé que les chaînes balayeuses dussent agir utilement sur des déblais de sable, aussi les couloirs du Sérapéum n'en ont-ils pas encore reçu.

Tout ce chantier du Serapeum est depuis plusieurs mois en bonne voie; la quantité de travail exécuté, le rendement actuel de nos dragues, tout nous donne la certitude que le travail que nous devons faire à l'eau douce sera terminé au mois de mars ou d'avril de l'année prochaine.

Nous vous rappelons qu'au sud du plateau du Serapeum, le terrain s'abaisse pour former à une petite distance le bassin des lacs Amers, dont le fond actuellement à sec est à environ 9 mètres au-dessous du niveau de la mer.

A partir du bord sud du plateau, nous creusons à sec le canal jusqu'au point où le terrain se trouve au niveau du plafond.

Ces terrassements, qui se font au wagonnet sur quelques parties un peu élevées et à la brouette sur tout le reste, seront terminés pour le moment où les travaux de l'eau douce du Serapeum le seront eux-mêmes.

Nous fermerons alors le branchement du Serapeum, nous couperons les barrages qui empêchent l'eau douce de se précipiter dans la tranchée de Toussoum.

L'eau s'écoulera dans le lac Timsah; son niveau s'abaissera jusqu'à celui de la mer, dont l'eau arrivera alors jusqu'au bord des lacs Amers.

Les dragues avec leurs accessoires auront descendu en même temps que le niveau de l'eau, elles recommenceront à travailler, et leurs déblais seront portés dans le lac Timsah.

C'est à cette époque aussi que nous commencerons à laisser entrer l'eau de la Méditerranée dans les lacs Amers. Cette introduction se fera par un très-large pertuis, dont les poutrelles mobiles permettront de faire varier le débit de façon à ne pas produire un courant gênant ou dangereux dans le canal maritime.

L'expérience du remplissage du lac Timsah nous a montré que le courant peut, sans inconvénient, atteindre et dépasser même un peu $0^{m},30$ par seconde.

Avant le printemps prochain, les dragues auront ouvert un canal de plus de 100 mètres de section partout, sauf peut-être sur quelques points encore en retard, et tous les jours la section augmentera, les étranglements disparaîtront, et la quantité d'eau introduite journellement dans les lacs croîtra aussi.

Nous pouvons donc être assurés que les lacs Amers seront remplis en moins d'une année, c'est-à-dire avant le printemps de 1869.

D'après le plan de campagne arrêté l'année dernière et que je vous avais exposé, le canal, depuis le fond des lacs Amers jusqu'à l'extrémité sud de la plaine de Suez, devait être fait à la drague, après qu'au moyen de chantiers à sec nous aurions creusé la tranchée jusqu'à 2 mètres, en contre-bas du niveau moyen de la mer Rouge.

L'eau de cette mer devait être alors admise par la tranchée ouverte dans la plaine de Suez. Elle aurait rempli assez promptement le petit lac fermé, à son débouché dans le grand lac par un seuil naturel que nous aurions rechargé d'une digue ayant 2 mètres à l'endroit de sa plus grande hauteur.

Depuis lors, l'excellente marche des chantiers au wagon avec plans inclinés de la section de Chalouf, le nombre croissant des ouvriers nous ont décidés à proposer à la Compagnie de faire entièrement à sec, à toute profondeur, le canal, depuis les lacs Amers jusqu'à l'entrée de la plaine de Suez, c'est-à-dire sur 23 kilomètres.

Cette proposition a été adoptée. Elle avait l'avantage d'utiliser jusqu'à la fin les installations actuelles que l'entrée de l'eau et l'emploi des dragues auraient rendues inutiles, et de rendre libres, pour être utilisées dans les parties où les travaux ne peuvent se faire que par dragage, les dragues primitivement destinées à Chalouf, et par conséquent de raccourcir le délai d'achèvement du canal.

En outre, des sondages plus rapprochés, des puits ouverts sur les points où la sonde avait indiqué des couches un peu dures, l'ouverture même des tranchées préparatoires de Chalouf, avaient appris que les petites poches de sable rencontrées dans l'argile qui constitue essentiellement le terrain, depuis le Serapeum jusqu'à Suez, que ces petites poches contenaient souvent des galets de grès assez durs, quelquefois assez gros ; qu'elles reposaient même souvent sur une cuvette de ce même grès.

Ces pierres, d'une extraction très-facile et peu coûteuse à sec, ne formaient en totalité qu'un cube assez faible, mais elles pouvaient présenter certaines difficultés à la drague, entraîner alors des dépenses assez fortes et un retard d'autant plus regrettable que, suivant toute probabilité, le canal aurait été terminé sur tout le reste de son étendue.

Il fut donc décidé, comme je vous le disais, de maintenir et de développer les chantiers à sec de Chalouf.

Dans les parties où la tranchée sera profonde, c'est-à-dire à travers le seuil de Chalouf et en allant vers le nord, jusqu'au point où le terrain se trouve à peu près au niveau de la mer, c'est avec des wagons remontés par des plans inclinés avec treuils à chaîne et locomobiles que se font les terrassements. Sur tout le reste, c'est-à-dire sur 15 kilomètres, le terrain est presque partout à 4 mètres au-dessous du niveau de la mer ; les terrassements se font à la brouette.

D'après la marche actuelle des travaux, le nombre toujours croissant d'ouvriers, ces 23 kilomètres de canal seront certainement terminés pour le printemps de 1869.

Notre programme, pour l'exécution de la plaine

de Suez, a continué à s'exécuter comme je vous l'ai exposé l'année dernière.

Sur ces 14 kilomètres, le terrain, d'une horizontalité presque parfaite, se trouve à peu près au niveau des plus hautes mers ; il est, sur une très-grande longueur, presque complétement imperméable: aussi avons-nous pu, en conservant un barrage à l'extrémité de cette plaine vers Suez, creuser à bras sans épuisement le canal jusqu'au-dessous du niveau moyen de la mer Rouge.

Sur le reste, nous avons installé des pompes et des locomobiles. L'eau d'épuisement, reversée dans la plaine, était rapidement évaporée par le soleil et par l'air toujours sec dans ces parages.

La tranchée à bras a été terminée d'abord sur une certaine longueur à droite et à gauche d'un branchement du canal d'eau douce. Ce branchement a environ 1,200 mètres de long ; il se détache du canal d'eau douce, perpendiculairement à la direction de ce dernier, à environ 7 kilomètres de Suez et aboutit au canal maritime. L'eau douce étant à environ 3 mètres au-dessus du niveau général de la plaine, nous avons établi sur ce branchement trois pertuis en maçonnerie à poutrelles horizontales. Ces pertuis nous ont servi de portes d'écluses, les biefs entre les pertuis de sas d'écluses.

Au moyen de ces pertuis, nous avons introduit l'eau du canal d'eau douce dans la tranchée préparatoire du canal maritime, en la tenant à peu près au niveau de la haute mer ou de la plaine; puis nous avons éclusé nos dragues, nos élévateurs.

Le terrain est composé d'argile d'un dragage facile pour nos robustes appareils; le déblai descend assez facilement dans le couloir; il ne peut présenter aucune résistance à la chaîne balayeuse.

C'est au mois de janvier dernier, après l'achèvement du curage du canal d'eau douce, que les premières dragues ont été amenées sur nos chantiers de la plaine de Suez.

Au delà de la plaine de Suez, c'est-à-dire dans la rade et jusqu'au rivage, les dragues sont desservies par des porteurs à vapeur qui vont verser les déblais dans une anse à environ 4 kilomètres de la rade.

Trois dragues sont allées au large et sont parties du fond de 7 mètres à marée basse. Elles se dirigent vers la terre en faisant un chenal de cette profondeur.

Une seconde passe donnera la profondeur projetée de 9 mètres à marée basse.

Les dragues rencontrent un terrain très-favorable. C'est un sable ardoisé assez gros, mélangé d'argile blanchâtre molle. La fouille est facile, les godets se vident bien, les déversoirs ne s'engorgent pas, les puits des porteurs se vident facilement. De plus, les grains de sable sont trop gros pour entrer dans les articulations des chaînes à godets, et l'argile graisse les surfaces flottantes.

Ce sont les terrains les plus faciles que nous ayons dans l'isthme.

Les marées de la mer Rouge atteignent jusqu'à 2 mètres en vive eau. Même en morte eau, des courants de travers, tantôt dans un sens, tantôt dans l'autre, gênent les accostages des porteurs et font quelquefois perdre du temps aux dragues. C'est néanmoins à Suez que nos dragues et porteurs nous donnent les plus beaux rendements mensuels.

Le tracé du canal, à son débouché dans la rade de Suez, contourne un banc accore qui découvre en partie à marée basse.

C'est sur ce banc qu'est le terrain concédé à la Compagnie, et que nous devons remblayer au moyen de dragues à couloir.

Le premier travail a dû être de l'entourer d'une digue en enrochements pour empêcher nos remblais d'être emportés par la mer.

Ce travail a marché rapidement. Commencé il y a moins d'un an il est terminé depuis plusieurs semaines. En face de ce point la limite de haute mer est formée par un banc de grès coquillier dur et compacte. Sur ce banc, nous avons ouvert de nombreuses carrières ; à mer haute nos chalands arrivaient jusqu'auprès des exploitations, puis la mer, en se retirant, les laissait échoués sur le sable. On chargeait alors les pierres, la marée montant raflouait les chalands qu'on allait décharger et qu'on ramenait à la même marée.

Une drague à couloir de 25 mètres creuse, en côtoyant les enrochements, le bord du chenal, et verse ses déblais derrière les enrochements. Une drague à couloir de 70 mètres vient à la suite enlever dans le chenal 150 à 200 mètres cubes par mètre courant et compléter le terre-plein.

Le tracé définitif du canal à Suez n'avait pu être

arrêté qu'assez tardivement. Le premier projet avait dû être abandonné, quand les sondages avaient indiqué la présence de rocher très-dur sur presque un kilomètre de longueur en face de Suez.

Des sondages faits à droite et à gauche de la ligne indiquaient que le banc plongeait vers l'est. En se reportant de plus en plus dans cette direction, on finit par trouver, à 1,200 mètres à l'est du premier projet, un tracé qui évite complétement le rocher.

D'un autre côté, l'insuffisance de profondeur d'eau dans le canal d'eau douce et dans les premiers chenaux du canal maritime, à la traversée des lacs Menzaleh et Ballah, avaient retardé l'arrivée des dragues et le commencement des travaux.

En janvier dernier seulement, nos premières dragues arrivèrent à Suez; remontées en quelques jours, elles fonctionnèrent aussitôt d'une manière satisfaisante; en même temps les installations de cette section s'élevèrent promptement sur l'îlot que nous créâmes au milieu du futur terre-plein de la Compagnie. Ce rapide développement de nos travaux donna aux nombreux voyageurs de l'Inde une idée favorable de nos énormes moyens d'action, des énormes ressources que la Compagnie avait, avec tant de persévérance, malgré tant d'obstacles matériels et de toute nature, réunies dans l'isthme.

Tel est, Messieurs, l'état actuel de notre entreprise de Port-Saïd à Suez ; le terrain est attaqué partout, et le canal, de 160 kilomètres, n'est plus qu'un seul chantier interrompu seulement par les lacs Amers.

Je vous ai décrit l'année dernière les principaux engins qui composent notre matériel. A la liste que je vous ai donnée alors, il faut ajouter encore deux grandes dragues à couloirs de 70 mètres, quelques canots à vapeur pour le remorquage des chalands de charbon à l'intérieur des sections, une trentaine de locomobiles pour faire marcher les pompes des longs couloirs, de nouveaux treuils de plans inclinés pour la section de Chalouf.

Ce matériel nous est maintenant presque entièrement livré. Son achèvement s'avance rapidement, et avant le 1er janvier il n'y aura plus un appareil qui ne soit en fonctionnement.

*M. le Président.* — Nous conserverons, si vous voulez, dans les questions que nous vous adresserons, l'ordre que vous avez vous-même indiqué. Nous commencerons par Port-Saïd.

Depuis que nous vous avons entendu, nous avons eu, à plusieurs reprises, l'occasion de nous occuper de vos travaux, et notamment des digues de Port-Saïd. Il semble résulter des discussions qui se sont engagées à ce sujet, que la Compagnie a exagéré la longueur des digues; qu'elle les avait portées plus avant qu'il n'était nécessaire. Quelques ingénieurs italiens, particulièrement M. Cialdi, qui a fait un travail très-intéressant sur la question des ensablements des ports italiens, avaient proposé de faire les jetées à claire-voie, ou tout au moins de laisser, dans la longueur de la jetée en pierre ex–

posée aux vents régnants, une lacune d'environ 3 ou 400 mètres.

Du reste, les ingénieurs anglais semblaient s'accorder pour que la Compagnie fît des jetées à claire-voie servant de brise-lames, mais à travers lesquelles pourraient passer les sables.

Une autre opinion, qui ne paraît pas confirmée par l'observation, mais qui mérite aussi l'attention, c'est que le dépôt des sables contre les digues peut s'accroître en raison de la surface d'eau calme que la digue créera ; et, par conséquent, plus la jetée de l'ouest sera longue, plus grande sera la quantité de sable accumulée.

Ces différentes considérations tendent à prouver qu'il n'y avait peut-être pas d'intérêt à porter les digues de Port-Saïd au delà de 1,800 mètres.

*M. Lavalley.* — Il y a maintenant assez longtemps qu'une certaine longueur de jetée a été construite, et assez de faits d'expérience recueillis pour qu'on puisse raisonner sur le cas particulier de la plage de Port-Saïd, au lieu d'y appliquer des lois plus ou moins générales déduites d'observations faites dans des conditions peut-être très-différentes.

Voici les principaux faits qui ont été constatés à Port-Saïd.

Il y a deux ans, quand nous avons exécuté le premier chenal venant du large, il existait une jetée pleine, partant à peu près des fonds de 5 mètres. C'était celle de l'Ouest. Cette jetée abritait le chenal, de $4^{m},50$ à 5 mètres de profondeur, que nous avons creusé alors. Ce chenal ne paraît pas avoir reçu de sable venant de l'ouest.

Pendant ce temps, au contraire, la plage devant Port-Saïd, à l'ouest par conséquent de la jetée, s'est avancée à raison de 15 à 20 mètres par an à peu près.

Ces deux faits semblent prouver que les sables ne sont transportés que tout près du rivage, dans les très-faibles profondeurs d'eau ; que même dans les fonds de 5 mètres, les sables sont immobiles ou presque immobiles.

Je vous rappelle un autre résultat d'observations consignées dans le rapport que je viens de lire.

Depuis que nous avions terminé le chenal de $4^m$,50 de profondeur, la jetée de l'Ouest s'était avancée au plus d'un kilomètre.

Les sondages faits il y a deux mois à l'extrémité actuelle de la jetée n'ont pas accusé de hauts-fonds produits par le sable déposé dans le remous du courant ouest-est.

De ces faits résultant d'observations faites dans une période peut-être trop courte, il est vrai, ne peut-on pas conclure ceci :

1° Si l'on n'avait pas fait de jetée pleine du tout, les sables qui longent le rivage en allant de l'ouest vers l'ouest seraient tombés dans le chenal qu'on eût creusé ;

2° La jetée, à sa longueur actuelle d'environ deux kilomètres, paraît arrêter tous les sables qui se déplacent seulement dans les très-petits fonds ;

3° Il faudra bien des années pour que la plage

que le dépôt de sable aura ainsi formé ait atteint l'extrémité de la jetée même arrêtée à 2,500 mètres;

4° Si l'on arrêtait la jetée pleine avant le point où le fond se trouve au niveau du plafond, ne serait-on pas exposé à voir les sables, s'ils se déplacent encore dans cette profondeur d'eau, tomber dans la fouille?

5° Il semble alors qu'il conviendrait de prolonger la digue pleine au moins jusqu'au point où le fond est au niveau du plafond du canal, puis à partir de là de se contenter de briser la lame, de façon qu'il n'y ait plus de levée qui puisse faire talonner les bâtiments.

A travers le brise-lames les sables passeraient et. ne trouvant pas de fouille ou de creux pour se déposer, continueraient leur chemin.

Je dois m'empresser d'ajouter que ce je viens de dire est seulement mon impression personnelle. Nous sommes chargés seulement de l'entreprise du creusement du canal, et je ne sais quel est le projet définitif auquel se sont arrêtés les ingénieurs de la Compagnie pour la construction des jetées de Port-Saïd.

*M. le Président.* — Le sable est-il d'une grande fluidité?

*M. Lavalley.* — Pas très-fluide, quoique très-fin, parce qu'il contient une certaine quantité de vases, ou d'argile qui lui donne une certaine cohésion. Les ancres des navires y tiennent très-bien.

*M. le Président.* — Obéit-il à des courants très-faibles?

*M. Lavalley.* — Je n'en sais rien directement, mais je crois qu'il faudrait des courants assez forts.

*M. le Président.* — Vous avez dit que la jetée de gauche avait été changée dans sa direction; quel a été le but de cette modification?

*M. Lavalley.* — Le premier projet était celui de la Commission internationale, et ce projet avait été de faire deux jetées parallèles à un écartement de 400 mètres, se prolongeant jusque sur des fonds de 9 à 10 mètres, et entre lesquelles on aurait creusé le chenal. Depuis, M. Pascal a proposé et la Compagnie a décidé de reporter l'enracinement de la jetée Est à 1,400 mètres de la jetée Ouest, et de la diriger obliquement par rapport à cette dernière, de manière à faire un très-vaste avant-port, dans lequel, provisoirement au moins, nous ne ferons qu'un chenal longeant la jetée Ouest.

Plus tard, au fur et à mesure des besoins, on pourra déblayer tout l'avant-port.

On pourra même, si c'est nécessaire, ouvrir dans cet avant-port, et auprès de la jetée Est, une seconde entrée du canal.

Le projet de M. Pascal nous a toujours paru très-sage. Ces deux jetées obliques l'une à l'autre protégent aussi bien le chenal que les jetées du premier projet. Ce projet n'est pas plus cher, puisque la jetée Ouest n'est pas changée, que la jetée Est, tournant en quelque sorte autour de son musoir, n'est presque pas plus longue. Il a, sur le premier, le très-grand avantage de réserver l'avenir.

*M. le Président.* — Il ne s'est produit aucun accident dans les travaux de la construction de la digue?

*M. Lavalley.* — Aucun. On s'était quelquefois demandé si les jetées seraient assez fortes, si elles ne pourraient pas être renversées par la force de la mer.

L'origine de la jetée Ouest est formée par une estacade de pieux en fer à vis, que la Compagnie a construite, il y a plusieurs années. Les intervalles de ces pieux avaient été remplis de moellons. C'est derrière cette jetée que la plage s'est avancée. A la suite de cet appontement, la Compagnie avait commencé la jetée avec des pierres qui venaient de la carrière du Mex, auprès d'Alexandrie. Cette jetée avait été, autant que possible, composée d'assez grosses pierres; mais il se trouvait aussi beaucoup de moellons. On pouvait craindre que les coups de vent d'ouest, les plus forts de ces parages, n'eussent emporté de ces moellons. S'il en eût été ainsi, nous les aurions retrouvés en draguant le chenal qui longe cette jetée à l'est. — Nous n'avons pas trouvé 5 mètres cubes de pierre. La mer n'avait donc pas été assez forte pour les déplacer. Que pourrait-elle faire contre les blocs de MM. Dussaud, qui ont un volume de 10 mètres cubes et pèsent 25 tonnes?

*M. le Président.* — Il résulterait de ce que vous venez de dire qu'il y aurait plutôt chance de diminuer la longueur de la digue que de l'accroître?

*M. Ferdinand de Lesseps.* — Oui, monsieur le Président; aussi la Compagnie n'a-t-elle pas décidé définitivement la longueur de la jetée, et le traité fait avec M. Dussaud ne comporte-t-il qu'une jetée de 2,500 mètres.

*M. le Président.* — Continuons. Vous n'avez pas rencontré dans le lac Menzaleh ces couches de vases dont on nous avait effrayés?

*M. Lavalley.* — Non, monsieur le Président; bien que, comme entrepreneurs, nous ne fussions pas responsables de la tenue du terrain, nous tenions à être renseignés le plus promptement possible sur ce sujet. J'ai pris des renseignements sur la manière dont les premiers sondages avaient été faits.

On me dit qu'on avait bien trouvé d'abord des difficultés à traverser une première couche ayant par places jusqu'à plusieurs mètres d'épaisseur, puis la sonde était descendue avec beaucoup de facilité. Nous avons refait les sondages.

Voici ce que nous avons trouvé :

A la partie supérieure, comme dans tous les lacs à fond argileux, une première couche de vase très-molle, mais tout à fait superficielle.

Au-dessous, l'argile dure, souvent très-dure, sur une épaisseur variable, allant quelquefois jusqu'au plafond du canal. Cette argile repose sur un terrain beaucoup moins ferme et auquel on avait donné le nom de vase fluide.

Pour y faire pénétrer la cuiller, il faut encore exercer une assez grande pression, et la cuiller ramène un mélange de sable et de vase ou de limon conservant la forme de la cuiller et dans lequel le doigt n'entre qu'avec un certain effort.

Sur plusieurs points, les dragues ont pénétré dans cette couche, et les talus tiennent presque à 45° ; j'ai la conviction que nous aurons là des talus plus raides que dans le sable.

*M. le Président.* — A quelle inclinaison pensez-vous que les talus tiennent dans le sable?

*M. Lavalley.* — Auprès de Port-Saïd, à environ deux et demi de base pour un de hauteur.

*M. le Président.* — Quoi qu'il en soit vous n'avez pas d'inquiétude sur cette partie du canal?

*M. Lavalley.* — Non, et voici pourquoi. Nous avons 100 mètres au plan d'eau ; s'il se trouvait exceptionnellement des terrains plus mous, les talus s'adouciraient, et ils peuvent s'adoucir jusqu'à l'inclinaison de cinq de base pour un de hauteur sans aller au delà de la ligne d'eau, et le pied des cavaliers ne se trouve encore qu'à 7 mètres plus loin.

A l'entrée de Port-Saïd, il y a souvent un peu de houle, du courant, un mouvement d'eau assez considérable et le talus tient à trois pour un. Je ne crois pas que le sable descende au-dessous de cette limite; par conséquent, au bout d'un certain nombre d'années, les talus dans le sable se seront naturellement adoucis à cette inclinaison et l'équilibre sera stable, les talus ne se dégraderont plus que très-lentement.

*M. le Président.* — Vous avez dit que vous aviez fait une modification fort importante à votre premier projet, et qui consisterait à remplir les lacs Amers avec l'eau de la Méditerranée, au lieu de la mer Rouge. Vous supposez donc que les travaux de terrassement du Serapeum ne sont pas plus longs que les travaux de terrassement entre les lacs Amers et Suez?

*M. Lavalley.* — Je n'avais jamais pensé prendre de l'eau à la mer Rouge que pour le remplissage du petit lac, comptant toujours remplir le grand par la Méditerranée.

Nous avons un intérêt de commodité, de facilité de travail à laisser les dragues dans la plaine de Suez à l'abri de l'action des marées de la mer Rouge, c'est pourquoi nous comptons creuser tout le canal dans la plaine de Suez, jusqu'à la laisse de haute mer, en laissant subsister là un barrage qui ne sera enlevé que lorsque tout le travail de la plaine de Suez sera terminé.

D'après le plan de campagne de l'année dernière, nous devions terminer Chalouf et le petit lac à la drague; il fallait donc remplir ce dernier aussitôt que les travaux préparatoires à sec seraient achevés.

Comme il eût été trop long d'attendre que la Méditerranée eût rempli le grand et le petit lac, nous aurions rempli ce dernier par la mer Rouge.

Pour cela, nous eussions remplacé le barrage de la mer Rouge par un ouvrage à vannes qui se fût ouvert quand la mer aurait été au-dessus de son niveau moyen, et qui se serait refermé aussitôt qu'elle aurait commencé à redescendre.

Le niveau du canal dans la plaine de Suez n'aurait ainsi varié que d'une quantité bien inférieure à la différence de niveau de haute et de basse mer.

La Compagnie ayant, sur notre proposition, décidé de faire entièrement à sec le canal depuis l'extrémité nord de la plaine de Suez, nous n'avons plus d'intérêt à remplir prochainement le petit lac. Il se remplira en même temps que le grand par la Méditerranée.

*M. le Président.* — Permettez-moi de vous dire qu'il y a une espèce de contradiction entre le système que vous suivez aujourd'hui et le système que vous nous aviez annoncé dans une précédente conférence. Il semblait que votre principale préoccupation était alors de réduire autant que possible la main-d'œuvre. Les circonstances se seraient donc modifiées, puisque vous faites maintenant à sec une partie de vos terrassements près de la mer Rouge?

*M. Lavalley.* — Environ 6 millions de mètres cubes.

*M. le Président.* — Il me semble que vous êtes entré dans une voie plus sûre pour le cas qui s'est présenté, où la constitution du terrain se modifierait et présenterait plus de résistance aux dragues. Mais ne résulte-t-il pas de là pour vous l'obligation d'attirer une certaine agglomération de population et de vous exposer à de graves inconvénients au point de vue de la salubrité?

*M. Lavalley.* — Il ne peut jamais y avoir agglomération de nos terrassiers.

Ce sont des Arabes, des noirs de la haute Égypte, du Soudan, qui logent dans des baraques en bois portatives.

Ces baraques ne sont jamais réunies en village; elles sont disséminées le long du canal et successivement déplacées au fur et à mesure que les chantiers se déplacent eux-mêmes, de façon que les ouvriers n'aient que quelques pas à faire pour aller à eur travail.

Il y a deux ans, quand le choléra est venu dans 'isthme, il n'a sévi avec quelque intensité qu'à Ismaïlia. Et cependant s'il y avait un endroit que, d'avance, on eût pu croire à l'abri d'une épidémie, c'était celui-là.

A Port-Saïd, au contraire, et dans nos différents campements, nous avons été presque complétement exempts. Et cependant, à Port-Saïd, nous avons reçu tous les Grecs, tous les Européens qui se sauvaient des différents chantiers.

Pendant quelques jours et jusqu'à ce que les bâtiments dans le port les aient emmenés, nous avons eu un véritable encombrement de fuyards, dont beaucoup venaient de localités infestées. Les malheureux couchaient en plein air, et néanmoins Port-Saïd n'a eu qu'un petit nombre de cas.

Depuis et pendant l'année 1866, certaines affections, que les médecins considèrent comme les suites de l'épidémie cholérique, nous ont enlevé quelques hommes.

Vers le mois de septembre 1866, les dernières maladies ont disparu et la santé générale a été remarquablement bonne, meilleure certainement que pendant l'année qui précéda l'invasion cholérique.

Je crois pouvoir affirmer que pour aucun travail, dans aucun pays, le nombre de décès, pour quelque cause que ce soit, n'aura été aussi faible relativement au nombre de mètres cubes faits.

*M. Ferdinand de Lesseps.* — Il résulte du rapport

de notre médecin en chef que sur une population de 23,000 individus il est mort 444 personnes, c'est-à-dire environ 20 sur 1,000, chiffre bien inférieur à la mortalité ordinaire en France.

*M. le Président.* — Cela indique que la population se compose d'individus plus valides.

*M. de Lesseps.* — Toute la population de l'isthme ne se compose pas exclusivement d'ouvriers et d'hommes dans la force de l'âge. Non, il y a des vieillards, beaucoup de jeunes gens, des femmes, des enfants.

*M. le Président.* — A quelles nationalités appartiennent les ouvriers que vous employez?

*M. de Lesseps.* — Nous avons 7,000 indigènes, 6,900 Européens, en tout 13,900, composés d'autant d'Occidentaux que d'Orientaux.

*M. le Président.* — Et les Occidentaux s'acclimatent-ils bien?

*M. Lavalley.* — Parfaitement. Ce sont en général des Maltais, des Calabrais. Les gens du Nord ne s'acclimatent pas aussi bien à cause de la boisson. Les Bretons, qui sont aussi un peu ivrognes, ont de la peine à s'acclimater. Quant aux Grecs, ils ne s'aperçoivent pas du changement de climat. Ils ne prennent pas même la peine de se couvrir la tête. Aussi, hormis le cas heureusement peu probable d'une nouvelle épidémie, nous n'avons rien à craindre.

*M. le Président.* — En remplissant les lacs Amers avec les eaux de la Méditerranée, sur quelle vitesse comptez-vous?

*M. Lavalley.* — Environ $0^m,30$ centimètres par seconde.

*M. le Président.* — Ne craignez-vous pas d'éprouver quelque difficulté à draguer jusqu'à 8 mètres de profondeur?

*M. Lavalley.* — Nous avons dragué fréquemment et nous draguons à $6^m,50$ et 7; dans ce moment-ci, nous draguons le chenal de Port-Saïd à 7 mètres. A Suez, nous laissons 7 mètres de fond au-dessous de la basse mer, ce qui fait $8^m,80$ au-dessous de la haute mer; je n'ai aucune inquiétude à cet égard.

*M. le Président.* — Quelle est la profondeur que vous faites mordre à la drague?

*M. Lavalley.* — C'est très-variable. Il y a des terrains où, après le passage de la drague, le fond de la fouille n'est qu'à $0^m,25$ ou $0^m,30$ au-dessous du point le plus bas auquel seront descendus les becs des godets; dans d'autres, au contraire, les godets laissent derrière eux près de 1 mètre d'épaisseur de déblai, à moins de repasser très-souvent sur le même point, ce qui est très-onéreux.

*M. le Président.*— L'emploi des longs couloirs vous a conduit à faire des dragues très-hautes, n'avez-vous pas rencontré à la pratique des inconvénients qui, si tout était à recommencer, vous feraient chercher à éviter d'aussi grandes hauteurs?

*M. Lavalley.* — Aucun. Je n'hésiterais même pas à élever les godets plus haut encore. Ainsi, l'axe du tourteau supérieur est maintenant, dans nos dragues les plus hautes, à $14^m,60$ au-dessus de l'eau.

Je ne craindrais pas, si besoin était, d'élever encore les dragues de 1 et 2 mètres.

*M. le Président.* — C'est un fait tout à fait nouveau que cette élévation. Ces progrès que vous faites faire au dragage est d'un intérêt immense pour nos ports, car, en définitive, nos ports se comblent en France, et l'industrie du dragage y est très-peu avancée. De telle sorte qu'il y a un intérêt capital dans vos travaux pour ce que nous pouvons nous en appliquer. Il est vrai qu'en France le grand nombre des ingénieurs qui draguent dans nos ports ignore vos travaux, et c'est regrettable. Voilà pourquoi je signale à l'attention l'élévation étonnante à laquelle vous arrivez.

*M. Lavalley.* — Je ne vois presque aucune difficulté à augmenter indéfiniment la hauteur des dragues, c'est-à-dire la hauteur à laquelle on élève les déblais au-dessus du fond.

D'une part, si l'on craint, en élevant la drague, de diminuer sa stabilité, on peut, sans inconvénient, y remédier en élargissant la coque.

De l'autre, quel danger peut-il y avoir à allonger les élindes ? Celui d'avoir des chaînes de godets très-longues, par conséquent très-lourdes, très-tendues? On en sera quitte pour diminuer un peu la capacité des godets ou mieux pour augmenter les boulons d'articulation et les dimensions des maillons.

Sur nos dragues, nous pensions avoir fait les articulations très-fortes. L'expérience nous a montré que les boulons étaient assez forts, mais que les bagues des maillons étaient trop minces, que les maillons femelles, ceux dans lesquels pourtant les boulons sont fixes, étaient trop minces. Nous les épaississons sans inconvénient, ainsi que les bagues, et nous pourrions les épaissir encore davantage.

Le seul point réellement difficile est de trouver une attache du godet au maillon suffisamment solide, et cela est indépendant de la longueur de la chaîne, du nombre de maillons qui la composent.

Nous nous sommes arrêtés pour le moment aux dimensions et aux dispositions suivantes pour les articulations.

Les boulons ont $0^{m},07$ de diamètre, les maillons mâles ont $0^{m},06$ d'épaisseur; chacune des moitiés du maillon femelle a $0^{m},06$. Les bagues ont $0^{m},020$ d'épaisseur. — Les boulons sont à tête ronde et libres de tourner dans l'un et l'autre maillons.

Comme la portée dans le maillon mâle n'a que $0^{m},06$, tandis qu'elle en a $0^{m},12$ dans le maillon femelle, celui-ci s'usera évidemment beaucoup plus lentement que le maillon mâle; et c'est le maillon femelle qu'il faut protéger, c'est celui sur lequel le godet est attaché et dont il faut éviter le remplacement.

Quant aux attaches des godets sur les maillons, quelque solides que nous ayons cru les faire, elles prennent du jeu dans les rivures. Les rivets, une fois ébranlés, mâchent les trous des tôles ; quand il faut les changer, nous devons augmenter leur diamètre pour qu'ils puissent à peu près remplir les trous agrandis. Ils deviennent alors difficiles à écraser, et l'on sait que les rivets mal mis prennent vite du jeu.

*M. le Président.* — Il résulte du travail que vous venez de nous présenter que vous avez une parfaite notion de votre matériel, et d'un autre côté qu'en divisant votre travail partie à sec, partie sous l'eau, dans la mesure où vous l'avez fait, vous êtes à peu près certain de l'époque à laquelle vous aurez achevé.

Que vous reste-t-il à faire ? Quelle est la profondeur moyenne à laquelle vous êtes arrivé dans le lac Menzaleh ? Etes-vous au tiers ? Etes-vous à la moitié ?

*M. Lavalley.* — Au 15 mai dernier il nous restait 48 millions de mètres cubes à enlever. Vous savez que, pour établir les comptes mensuels que la Compagnie nous paie, on relève exactement la quantité de déblais extraits pendant chaque mois. Le rendement du mois de mai 1866 a été de 500,000 mètres cubes ; un an après, le rendement mensuel qui avait crû progressivement, était de 1,200,000 mètres cubes.

Au 15 mai dernier, nous avions encore 34 dragues à mettre en marche. Quand tous ces appareils marcheront, nous ferons, à raison de 25,000 mètres cubes par drague, 850,000 mètres de plus par mois qu'en mai dernier, c'est-à-dire environ 2 millions de mètres cubes.

Nous en arriverons là vers le 1er décembre prochain.

A cette époque et d'après notre production actuelle, le cube restant à faire sera descendu de 48 millions à 40, ce qui, à raison de 2 millions par mois, demanderait vingt mois et porterait l'achèvement au 1er août 1869.

Supposez que nous nous trompions dans le rendement de 25 pour 100, ce qui est une erreur inadmissible au point où nous en sommes, il nous faudrait alors, à partir du 1er décembre prochain, au lieu de vingt mois, vingt-cinq mois, ce qui nous conduirait à la fin de 1869.

Nous sommes donc en droit de dire que nous aurons complétement terminé dans le second semestre de l'année 1869,

*M. le Président.* — Il faut un certain temps pour que vos dragues soient pour ainsi dire acclimatées.

*M. Lavalley.* — Très-peu de temps maintenant. A Port-Saïd, quand nous avons commencé, il nous a fallu sept à huit mois pour amener les dragues au rendement normal. Sur les chantiers des environs de Suez, les dragues qui y sont arrivées il y a quelques mois, sont parvenues à faire au bout d'un mois ce qui à Port-Said en avait demandé sept à huit. Chacune des nouvelles dragues que nous mettons en fonctionnement arrive beaucoup plus tôt à son rendement que n'y arrivaient les premières.

Il a fallu à tout le monde une certaine expérience maintenant acquise. Il faut dire aussi que les dernières dragues sont livrées de suite avec tous les perfectionnements que l'expérience des premières a montré être nécessaires.

L'entretien, la substitution de pièces nouvelles aux pièces usées se font maintenant beaucoup plus vite qu'au commencement.

*M. le Président.* — Il y a cependant un fait dont il faut tenir compte, c'est qu'à mesure que vous marchez, la distance des transports des déblais augmente, et qu'à cause de cela il vous faudra à la fin plus de matériel, un personnel plus nombreux.

Vous avez dit que vous iriez dans le Seuil jusqu'à 15 kilomètres pour transporter vos déblais ; pour ces transports, il est évident que, à grande distance, il faudra un développement de matériel et de transport assez considérable.

*M. Lavalley.* — C'est parfaitement exact, mais cette augmentation est, sur l'ensemble des travaux, à peine appréciable.

Ce n'est en effet que dans le Seuil et au Serapeum que ce fait se produira. Mais sur ces deux points même, il en résultera seulement que les quelques dragues les plus éloignées du point de décharge des déblais devront être desservies par quatre ou cinq gabares, au lieu de l'être par deux ou trois.

Mais nous avons fait notre matériel en vue non des transports à petite distance du commencement, mais des grands transports de la fin.

Le matériel qui se trouve donc maintenant en surcroît nous sert de rechange et nous donne plus de facilité pour l'entretien.

Il y a deux objections plus sérieuses à faire à nos prévisions quant au délai d'achèvement. La première, c'est que notre matériel, n'étant plus neuf à la fin, ne pourra pas donner le même rendement que maintenant.

La seconde, c'est que les différentes parties du

canal ne pourront être terminées toutes en même temps, et qu'au fur et à mesure qu'une portion se terminera, le matériel qui y est consacré, ne pouvant pas être employé sur les autres portions, la quantité de matériel en fonctionnement ira en diminuant, et le rendement total mensuel diminuera en même temps.

La première de ces objections n'est que spécieuse. En effet, pourquoi notre matériel ne serait-il pas aussi bon dans deux ans qu'il l'est actuellement? Prenons, par exemple, les dragues et examinons-en les différentes parties.

Les coques sont en tôle de 0m,009, 0m,010 et 0m,011, combien y a-t-il de bateaux qui, avec 0m,006 et 0m,007 d'épaisseur, ont tenu la mer pendant bien des années?

Les charpentes seront exactement dans le même état que maintenant. Les chaudières marchent presque toutes à l'eau douce. Toutes nos dragues ont d'ailleurs deux systèmes de générateurs dont chacun peut suffire à la machine.

Ces générateurs sont simples de construction. Nous n'étions pour eux gênés ni par le poids, ni par la place.

J'en dirai autant des machines qui, pour les mêmes raisons, ont été construites dans les meilleures conditions et absolument comme des machines de terre. Et quelles sont les machines qui fonctionnent moins bien après trois ans de service, pour peu que l'entretien courant ait été fait avec quelque soin?

Les engrenages, les élindes, dureront presque indéfiniment.

Restent enfin les chaînes à godets, dont l'usure est prompte, très-prompte à la vérité, mais cette usure est si rapide qu'au bout de quelques mois une drague a déjà changé plusieurs fois de chaînes à godets. Il se fait pour ces parties une substitution presque incessante de pièces neuves ou remises à neuf aux pièces usées.

Nous pouvons en dire autant de tous nos appareils, évidemment construits pour une durée bien supérieure à celle que nous leur demanderons.

Voyons la seconde objection. La cause de retard qu'elle signale pourrait, en effet, être de quelque importance si nous n'en avions tenu grand compte dès l'origine. Si je pouvais discuter avec vous notre programme pour chacune de nos sections, vous verriez que nous avons tout disposé pour que, quelle que soit la section en retard, les autres puissent venir à son secours ; vous verriez que, au fur et à mesure que les travaux ont avancé, si quelque particularité s'est présentée qui pût avoir une influence d'accélération ou de ralentissement sur la marche du travail, nous avons remanié aussitôt la répartition du matériel. Nous continuerons ainsi de façon que, jusqu'au dernier moment, la plus grande partie possible de notre matériel concoure à l'achèvement.

*M. le Président.* — Vous n'avez pas dit si, dans la déviation que vous avez fait subir au canal entre Suez et les lacs Amers, vous avez rencontré du rocher.

*M. Lavalley.* — Dans le projet primitif, le canal,

sortant du seuil de Chalouf, se dirigeait en droite ligne vers le chenal de peu de profondeur qui va de la rade à la ville de Suez.

C'est dans la partie en face de la ville que des sondages ont depuis révélé la présence du rocher. En sondant à droite et à gauche du tracé, on a trouvé que le rocher plongeait vers l'est, et qu'en face de Suez, à 1,200 mètres de l'ancien tracé, le rocher s'était enfoncé plus bas que le plafond du canal. Le nouveau tracé part donc de la rade comme l'ancien, s'écarte de 1,200 mètres de ce dernier, puis vient le rejoindre à environ 10 kilomètres au nord de Suez, sans rencontrer de rocher.

*M. le Président.* — Alors toute cette partie des travaux ne vous offre plus de difficultés, et vous la faites sous l'eau, à la drague ?

*M. Lavalley.* — Nous attaquons dans ce moment-ci à la drague ; nous avons fait à sec tout ce que les infiltrations nous ont permis de faire.

*M. le Président.* — Dans la traversée de la plaine de Suez, vous travaillez dans les eaux du canal d'eau douce ?

*M. Lavalley.* — Oui, c'est avec de l'eau du canal d'eau douce que nous avons rempli le canal creusé dans la plaine jusqu'à environ $0^{m},50$ au-dessous du niveau moyen de la mer Rouge.

*M. le président.* — J'ai épuisé pour mon compte toutes les questions sur lesquelles j'ai cru devoir appeler votre attention. Si quelqu'un d'entre vous désire en adresser de nouvelles à M. Lavalley, qui s'est toujours montré très-libéral dans ses réponses, je lui donnerai la parole

*M. Nordling.* — Quelle est la quantité totale des déblais qu'il y avait à l'origine à faire, tant au-dessus qu'au-dessous de l'eau?

*M. Ferdinand de Lesseps.* — 75 millions de mètres cubes.

*M. Lavalley.* — Je ne sais pas ce qui a été fait avant nous. Nous avons fait, nous, de 14 à 15 millions de mètres cubes.

*M. Maldent.* — Quelle est la durée du travail sur vingt-quatre heures.

*M. Lavalley.* — Cela dépend du genre des appareils qui desservent les dragues et de l'époque de l'année. Nos dragues de Port-Saïd travaillent du jour au jour, et encore cela n'est pas tout à fait exact. Les porteurs ne peuvent pas sortir après une certaine heure ; il faut qu'un porteur plein ait devant lui au moins une heure de jour pour sortir, sans quoi il attend au lendemain. Quand donc, vers le soir, une drague a rempli ses deux porteurs, elle est forcément arrêtée, tandis que si les choses se sont combinées autrement,' et si les porteurs vides sont revenus de leur dernier voyage tard, la drague travaille pour les remplir quelque temps après le coucher du soleil. Nous pouvons compter que les dragues travaillent de douze à quatorze heures, et nos dragues à long-couloir de quatorze à quinze heures. J'ai toujours trouvé de la difficulté à mettre deux équipages successifs sur une drague; nous aimons mieux faire travailler nos hommes un peu plus longtemps, aller au besoin, jusqu'à seize heures.

Afin d'intéressser les hommes au cube fait, nous avons déterminé un certain minimum mensuel pour chaque drague. Quand ce minimum est passé, nous donnons par chaque 1,000 mètres cubes en plus, à chaque homme de l'équipage, une prime proportionnelle à sa position. Quand dans une section, un équipage a fait plus que les autres, sa prime est augmentée de 50 0/0, et le chargement qui, dans toute l'entreprise a dépassé tous les autres, reçoit une nouvelle prime encore ; nous excitons ainsi une très-grande émulation.

*M. le Président.* — D'après le plan de l'Exposition, le territoire de Port-Saïd est bien faible comme étendue, et cependant Port-Saïd est destiné à devenir une ville fort importante ?

M. *Ferdinand de Lesseps.* — La Compagnie fait remblayer tout le terrain qui lui a été concédé. Nous savons du reste que ces terrains acquerront une immense valeur. Aussi n'avons-nous fait encore que des locations de terrain, presque pas de ventes définitives. Il y a tel locateur de terrain qui ayant construit une maison à bon marché, en tire en une année sa valeur en prix de loyer.

*M. le Président.* — On dit que Port-Saïd est beaucoup plus salubre que Suez ?

*M. Lavalley.* — C'est-à-dire qu'il y fait moins chaud et les ouvriers européens y travaillent mieux.

*M. le Président.* — Par conséquent les destinées de

Port-Saïd sont beaucoup plus considérables que celles de Suez.

*M. Lavalley.* — Oui, cela n'est pas étonnant ; Port-Saïd est tourné vers l'Europe, et Suez vers la mer Rouge.

*M. Ferdinand de Lesseps.* — Port-Saïd a 8,000 âmes, il en aura 100,000 dans dix ou quinze ans, lorsque par la dérivation d'une nouvelle branche du Nil, on l'aura doté d'un canal d'eau douce. J'ai vu Alexandrie avec 35,000 âmes, il y en a aujourd'hui 150,000 ; Port-Saïd a plus d'avenir qu'Alexandrie.

*M. Lavalley.* — Voyez en effet la carte d'Égypte.

Le delta, c'est-à-dire la partie cultivée, est exactement le triangle dont les trois sommets seraient le Caire, Alexandrie et Port-Saïd. Si du Caire vous menez une ligne droite vers la mer à mi-distance d'Alexandrie et de Port-Saïd, vous avez partagé ce triangle en deux parties égales. La moitié qui est vers Port-Saïd est la plus riche et la plus fertile. De plus, la plus grande partie du désert comprise entre le delta et le canal maritime peut être rendue comme autrefois à la culture.

Ajoutez encore que le port d'Alexandrie n'est, à cause de la sinuosité de la passe, accessible que le jour, et que même le jour, quand la mer est agitée, la houle pénètre dans les passes qui sont peu profondes ; les bateaux ne peuvent ni entrer ni sortir, parce qu'ils seraient exposés à talonner.

A Port-Saïd, au contraire, les bâtiments entreront la nuit comme le jour, quel que soit le vent, quel que soit l'état de la mer.

*M. le Président.* — Votre capital était de 200 millions. Je suis persuadé qu'une partie de ces 200 millions est rentrée en France.

*M. de Lesseps.* — Une très-grande partie tant en intérêts du versement qu'en paiement du matériel, en achat de vivres et objets d'habillement, etc.

Il y a tel magasin dans l'isthme qui vend quelfois jusqu'à 2,000 francs par jour de produits français.

*M. Lavalley.* — Il faut noter qu'à l'exception du blé qui vient en partie d'Egypte, en partie de la Russie, et de la viande qui vient de l'Asie mineure, tout ce que consomme la population de l'isthme vient de France.

De plus, nos employés et nos ouvriers français, dont les salaires sont très-élevés, envoient en France par nos mains, chaque mois, des sommes importantes.

*M. le Président.* — Comment les ouvriers se procurent-ils des légumes ?

*M. de Lesseps.* — Il en vient de Syrie, de Damiette. En outre, il s'est fait beaucoup de jardins dans l'isthme.

*M. le Président.* — Vous leur donnez de l'eau ?

*M. de Lesseps.* — A Ismaïlia et du côté de Suez, le canal d'eau douce permet d'en avoir sans mesure. — Pour la partie comprise entre Ismaïlia et Port-Saïd, qui est alimentée par une pompe à vapeur et des tuyaux de conduite, a Compagnie laisse prendre pour la culture toute l'eau qui n'est pas nécessaire à l'alimentation directe des habitants ou aux machines des entrepreneurs.

*M. le Président.* — Messieurs, vous venez d'entendre l'intéressante communication de M. Lavalley.

Ce n'est pas la première qu'il nous donne, demandons-lui que ce ne soit pas la dernière.

Toutes les difficultés qu'il a vaincues prouvent qu'il accomplit son œuvre avec courage et résolution.

S'il m'est permis d'ajouter une observation personnelle, je féliciterai la Compagnie du canal de Suez d'avoir compris qu'il lui fallait des mécaniciens pour venir à bout de son œuvre.



(Sténographie de M. Sabbatier, sténographe du Corps législatif.)

PARIS. — IMPRIMERIE A. CHAIX ET Cie, RUE BERGÈRE, 20. — 7466.

www.ingramcontent.com/pod-product-compliance
Ingram Content Group UK Ltd.
Pitfield, Milton Keynes, MK11 3LW, UK
UKHW021013200726
13857UKWH00004B/1416